PÉTITION

A   L'ASSEMBLÉE

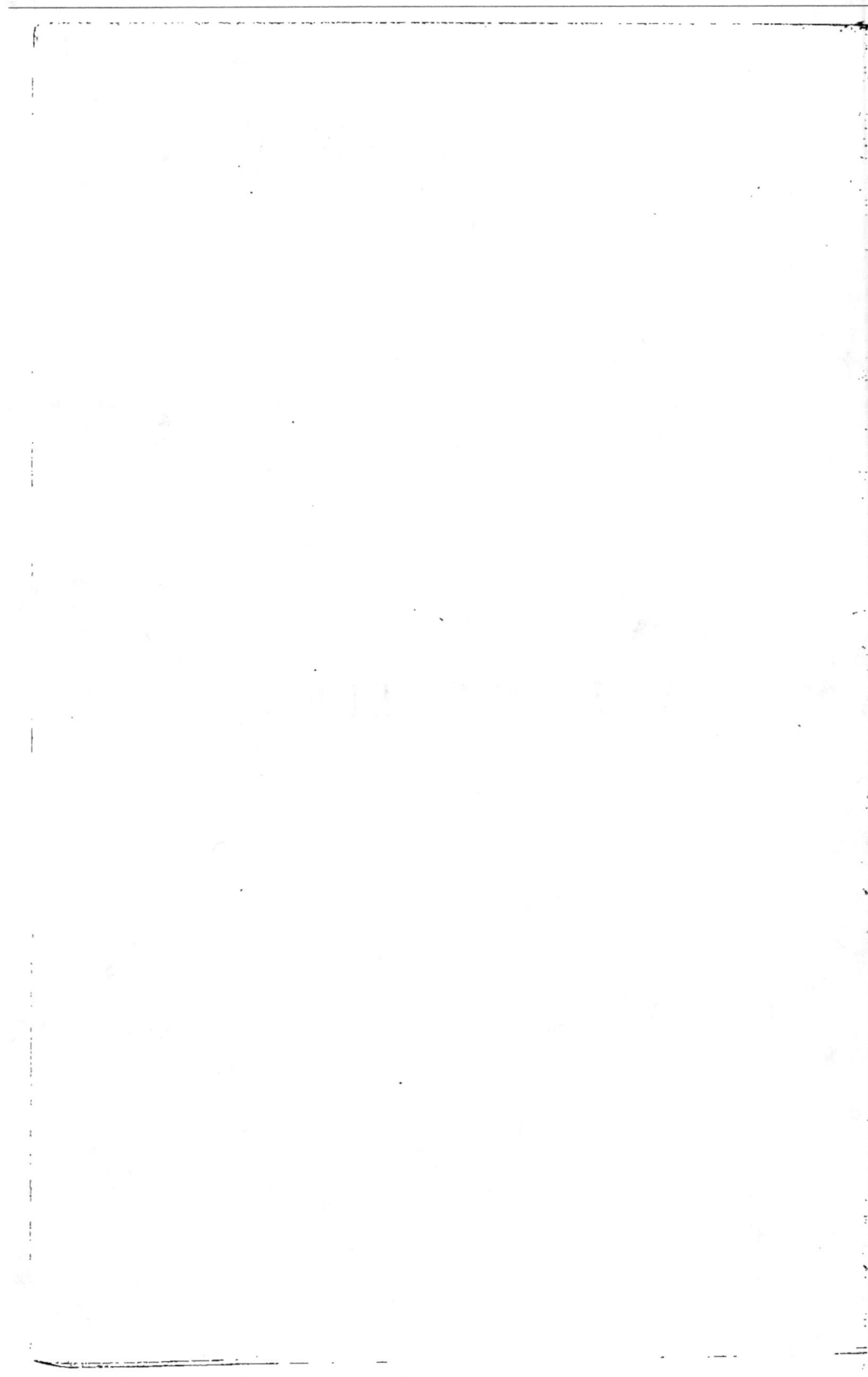

PÉTITION
A L'ASSEMBLÉE

DEMANDE D'ENQUÊTE PUBLIQUE

SUR LES

FAITS ET GESTES DE LA DIVISION CREMER

PENDANT LA CAMPAGNE DE 1870-1871

PAR

P. POULLET

EX-COLONEL, CHEF D'ÉTAT-MAJOR DE CETTE DIVISION

> Il n'y a qu'une chose que l'État n'ait pas le droit
> de demander à un officier, c'est son honneur.
> (Général Du Temple à l'Assemblée.)
> Le grade est la propriété de l'officier.
> (Duc de Dalmatie.)
> Ceux qui n'ont pas désespéré de conserver au
> moins l'honneur , ceux qui ont lutté jusqu'au
> bout, pour essayer de réparer les fautes et
> sauver le drapeau, ceux-là sont accablés.
> (Général Trochu.)

PARIS
DENTU, LIBRAIRE-ÉDITEUR,
Palais-Royal (Galerie d'Orléans).

1872

COMBATS

LIVRÉS DANS L'EST PAR LA DIVISION CREMER

---

2 combats. de Nuits, — 29 et 30 novembre 1870.
Combat de Châteauneuf, — 3 décembre 1870.
Bataille de Nuits, — 18 décembre 1870.
5 combats d'Etobon-Chénebier (3 de jour, 2 de nuit),
— 15, 16, 17 janvier 1871.
Combat de Villers-la-Ville, — 20 janvier 1871.
Combat de Donnemarie, — 23 janvier 1871.
Combat de Frasnes, — 29 janvier 1871.

Etats de service du colonel Poulict.

Sorti de Saint-Cyr, comme sous-lieutenant au 71e de ligne, le 1er octobre 1857.
Lieutenant le 14 mars 1864.
Capitaine le 7 août 1869 (au choix).
Evadé de Metz, sans avoir donné sa parole ni signé d'engagement, le 4 novembre 1870.
Chef de bataillon, au titre de l'armée régulière, le 15 novembre 1870.
Colonel, chef d'état-major au titre auxiliaire, le 15 novembre 1870.
Nommé lieutenant-colonel de l'armée régulière par le général Bourbaki, en vertu de l'article 19 de la loi de

1832, et après trois citations à l'ordre de l'armée, le 21 janvier 1871.

Remis capitaine par la Commission de révision des grades. — Décision notifiée le 6 février 1872.

Démission donnée le 16 décembre 1871, — acceptée le 16 janvier, — notifiée le 6 février 1872.

Dix-sept années et demie de service. — Neuf campagnes, dont celle d'Italie dans le corps Mac-Mahon (71ᵉ de ligne).

Citations à l'ordre de l'Armée.

1° A Châteauneuf, où il commandait le centre ;
2° A Nuits, où il dirigeait l'aile gauche ;
3° A Chénebier, où il commandait l'attaque de front.
2 chevaux tués sous lui à Nuits, à Chénebier.

Chevalier de la Légion d'honneur le 23 décembre 1870, confirmé le 5 mai 1871.

La Commission des Grades se compose de :

M. CHANGARNIER, président ;

M. Cornelis de WITT, secrétaire ;

MM. les marquis de PLOEUC, de MORTEMART, de la GUICHE, de TALHOUET, de QUINSONAZ, le comte Horace de CHOISEUL, de LASTEYRIE, de la PERVANCHÈRE, de CHABRON, BLIN de BOURDON, de CHADOIS, KOLB-BERNARD, PLICHON.

PÉTITION

ADRESSÉE AUX MEMBRES DE L'ASSEMBLÉE NATIONALE

————

Messieurs les Députés,

MM. les membres de la commission de révision des grades ont pris, sur les conclusions de M. le ministre de la guerre, les décisions les plus sévères à l'égard du général Cremer, de son état-major et des officiers de sa division.

Je viens, fort de ma conscience et du témoignage unanime de mes compagnons d'armes, remplir le devoir imposé à tout chef : défendre les droits de ceux qui ont combattu sous ses ordres.

Comme chef d'état-major de la division Cremer et commandant de cette division depuis le 24 janvier 1871 jusqu'à la fin de la guerre, je réclame pour mes camarades et pour moi-même l'application de la loi de 1832 :

Article 14. — Tous les grades supérieurs à celui de chef de bataillon, chef d'escadron ou major seront au choix du roi.

Article 19. — Il ne pourra être dérogé aux conditions de temps imposées par les articles précédents, pour passer d'un grade à un autre, si ce n'est :

1° Pour action d'éclat dûment justifiée et mise à l'ordre du jour de l'armée;

2° Lorsqu'il ne sera pas possible de pourvoir autrement au remplacement des vacances dans les corps en présence de l'ennemi.

Article 20. — En temps de guerre et dans les corps qui seront en présence de l'ennemi, seront données, savoir :

A l'ancienneté, la moitié des grades de lieutenant et de capitaine.

Au choix du roi, la totalité des grades de chef de bataillon et de chef d'escadron.

L'Assemblée nationale a-t-elle abrogé cette loi?

Non, puisque le général Trochu dit, dans son remarquable discours à la Chambre, le 9 août 1871 :

« Le gouvernement, très-naturellement dominé » par les préoccupations qui se rattachent à ses » hautes fonctions de gardien de la loi, avait d'abord » pensé qu'il résoudrait le problème en s'en référant » aux prescriptions de la loi du 14 avril 1832 et de » l'ordonnance du 16 mars 1838. Il avait admis que » ces règles pourraient être considérées comme ayant » eu pendant la guerre leur cours obligatoire, et » que, par conséquent, les nominations et promo- » tions faites en dehors d'elles ne seraient pas justi- » fiées et ne pourraient avoir la sanction officielle. »

Ne résulte-t-il pas de cette déclaration que, loin de vouloir restreindre la loi de 1832, le général Trochu réservait à la commission de récompenser les services exceptionnels plus largement que ne le permettait cette loi?

Pourquoi, alors, la commission ne la respecte-t-elle point?

Nul n'osera dire que nos grades n'ont pas été gagnés au prix de notre vie :

Châteauneuf, Nuits, Chénebier, Villers-la-Ville, Donnemarie sont nos titres à l'avancement.

+

La loi du 19 mars 1834, sur l'état des officiers, établit que le grade est la *propriété* de l'officier, comme le rappelait dernièrement encore, à la Chambre, M. Bethmont.

Titre Ier. — Article 1er. — Le grade est conféré par le roi : il *constitue l'état de l'officier* et ne peut être perdu que par une des causes ci-après ;

1º Démission acceptée par le roi ;

2º Perte de la qualité de Français ;

3º Condamnation à une peine afflictive ou infamante, etc.

Le colonel Paixhans, rapporteur de cette loi, fait nettement connaître les motifs qui l'ont inspirée :

« L'intérêt des officiers, celui que la charte a voulu
» mettre sous la protection des lois, est que chacun
» remplissant ses droits, soit garanti contre l'erreur
» ou *l'arbitraire*, sous la mesure desquels il ne peut y
» avoir pour des hommes d'honneur, ni sécurité ni
» dignité. »

Le général d'Ambrugeac, rapporteur de la même loi près la chambre des pairs, n'est pas moins ferme sur les principes qui constituent le grade, *propriété de l'officier*.

« Le but qu'on s'est proposé d'atteindre, dit-il, est

» de garantir l'état de l'officier, mais sans affaiblir
» les droits du commandement.

» Si la puissance du commandement est évoquée,
» si elle peut disposer *arbitrairement* de l'état de l'of-
» ficier, alors cet état *sans honneur, sans dignité et
» sans avenir, n'est plus que celui d'un merce-
» naire.* »

Enfin M. le duc de Dalmatie, dans son discours de
présentation de cette loi à la chambre des députés,
dit :

« C'est avec raison par exemple, que la Commis-
» sion avait reconnu que *s'il est de principe que le
» grade est une propriété acquise,* il est de principe
» aussi que l'emploi demeure à la disposition du
» Roi, etc... »

Plus loin, le même ministre dit que : « le Roi a
» pensé comme Louis XII, un de ses plus illustres
» aïeux, qui prescrivit par un édit de *suivre toujours
« la loi, malgré les ordres contraires à la loi que l'im-
« portunité pourrait lui arracher.* »

Qu'il est donc regrettable que Messieurs de la Commission des grades n'aient point fait comme le roi
Louis-Philippe !

Tous les gouvernements qui se sont succédé en
France, ont respecté les droits des officiers ; tous se
sont inclinés devant ces principes de notre sage loi ;
tous se sont montrés pleins de respect pour cette propriété la plus noblement, souvent même la plus chè-
rement acquise.

Au coup d'Etat, Napoléon III exile des officiers ;
mais il se garde bien de leur enlever leurs grades, et
la Commission, en nous ôtant les nôtres, nous force
à donner notre démission ou à sacrifier notre honneur !

MM. de Cissey et Changarnier sont les premiers, les seuls qui jusqu'ici aient osé porter atteinte à ce droit imprescriptible de la propriété du grade.

Je n'ai pas voulu sanctionner par une acceptation de rétrogradation, cet abus de la force, ce procédé révolutionnaire, *sans exemple dans nos annales militaires*. Ma démission n'est qu'une protestation contre cette violation ; *j'étais obligé de la donner pour avoir le droit de réclamer*. Ce n'est pas moi seulement qui suis en cause, c'est le principe même de la loi de 1834.

Si un tel précédent était admis, le ministre pourrait désormais, selon les justes expressions du général d'Ambrugeac, *disposer arbitrairement de l'état des officiers*.

MM. Changarnier et de Cissey ont-ils réfléchi à ces funestes conséquences ?

Qui assure maintenant le sort des officiers ?

Jamais mission ne fut plus belle et plus facile que celle de Messieurs les membres de la Commission des grades. Après une lutte si fatale à la France, le patriotisme ne commandait-il pas de mettre de côté tout misérable esprit de parti, de faire œuvre de conciliation, en rendant à chacun ce qui lui était dû ?

Devait-on demander aux officiers qui s'étaient bien conduits dans quelle armée ils avaient servi, sous quels chefs ils avaient combattu ?

La France était-elle donc trop riche de gloire pour qu'on cherchât par une sentence illégale, à souiller l'honneur d'irréprochables officiers ?

On a voulu se débarrasser de ceux qui, fidèles à leurs serments, n'ont marchandé ni leurs peines, ni leur sang; nous expulser de l'armée ou nous déshonorer, tel a été le but de ces Messieurs.

Ils l'ont atteint.

L'Assemblée, mieux éclairée, sanctionnera-t-elle ces mesures iniques?

Dans notre pays où les changements politiques sont si fréquents, un tel fait aurait pour conséquence de bouleverser l'armée et il serait à craindre que les partis en arrivant au pouvoir, remplaçassent successivement les officiers de la veille par d'autres partageant leurs opinions.

Nous tombons alors aussi bas que l'Espagne. Vous inaugurez l'ère des *pronunciamentos*.

+

Dans la séance de l'Assemblée du 15 juillet 1871, M. de Cissey définit ainsi le rôle de la Commission des grades :

« Cette haute Commission sera chargée de statuer
» sur ceux de ces grades qui ont été mérités par des
» services de guerre, et il y en a beaucoup, (c'est
» vrai)! mais aussi d'annuler certains avancements
» donnés à des officiers qui n'ont pas combattu et
» sont restés constamment dans les bureaux. »

La division Cremer est donc restée dans les bureaux, puisque *l'on réintègre tous ses officiers dans leurs anciens grades??*

Qui a gagné le combat de Châteauneuf, chassé l'ennemi de Nuits et commandé la seule division qui, à Chénebier, ait enlevé les positions devant Béfort. (Rapport du général Bourbaki au ministre de la guerre.)

Nous sait-on mauvais gré de n'avoir pas capitulé à Frasnes, de n'être pas passés en Suisse?

Ce qui était mal sous Napoléon 1er ne l'est-il plus à notre époque?

« Qu'une armée soit battue, dit-il, ce n'est rien, le
» sort des armes est journalier et l'on répare une
» défaite ; mais qu'une armée fasse une capitulation

» honteuse, c'est une tache pour le nom français,
» pour la gloire des armes. Les plaies faites à l'hon-
» neur ne guérissent point : l'effet moral en est ter-
» rible. On dit qu'il n'y avait pas d'autre moyen de
» sauver l'armée, de prévenir l'égorgement des sol-
» dats. Eh! il eût mieux valu qu'ils eussent tous péri
» les armes à la main, qu'il n'en fût pas revenu un
» seul. Leur mort eut été glorieuse, nous les eussions
» vengés ; on retrouve des soldats, il n'y a que l'hon-
» neur qui ne se retrouve pas. »
  » Autoriser les généraux et les officiers à poser les
» armes, en vertu d'une capitulation particulière,
» dans toute autre position que celle où ils forment
» la garnison d'une place de guerre, offre des dan-
» gers incontestables. C'est détruire l'esprit militaire
» d'une nation que d'ouvrir cette porte aux lâches,
» aux hommes timides, ou même aux braves égarés.
» Dans une situation extraordinaire, il faut une réso-
» lution extraordinaire ; plus la résistance d'un corps
» d'armée sera opiniâtre, plus on aura de chances
» d'être secouru ou de percer. Que de choses pa-
» raissent impossibles et qui cependant ont été faites
» par des hommes résolus qui n'avaient plus d'autre
» ressource que la mort !
  » Aucun souverain, aucun peuple, aucun général
» ne peut avoir de garanties, s'il tolère que les offi-
» ciers capitulent en plaine et posent les armes en
» vertu d'un contrat favorable aux individus du corps
» qui le contracte, mais contraire aux intérêts du
» reste de l'armée. Se soustraire au péril, pour
» rendre la position de ses camarades plus dange-
» reuse, est évidemment une lâcheté ; une pareille
» conduite doit être proscrite, déclarée infâme et
» passible de la peine de mort. Les généraux, les offi-

» ciers, les soldats qui, dans une bataille, ont sauvé
» leur vie par une capitulation doivent être décimés ;
» celui qui commande de rendre les armes et ceux
» qui obéissent sont également traîtres et méritent la
» peine capitale. »

†

A propos de l'amendement de M. Gambetta demandant que les généraux ayant commandé en chef fus-
sent entendus par la commission quand on s'occupe-
rait de leurs officiers, MM. Thochu et Changarnier
déclarèrent cet amendement inutile, car c'était chose
trop forcée pour qu'il fût besoin de l'insérer dans la
loi même.

Le général Trochu ajouta que le ministre à l'aide
des inspections générales et de tous les moyens en son
pouvoir serait à même de fournir les renseignements
les plus complets sur tous les officiers.

Si ces promesses solennelles faites devant les repré-
sentants du pays eussent été tenues par M. de Cissey
et la commission, nous avions toutes les garanties dues
à des officiers et à des gens d'honneur ; *mais nous
n'avons pas été appelés devant nos juges ; nos chefs
eux-mêmes n'ont pas été consultés.*

La commission nous a traités avec le plus grand
mépris, nous refusant ces droits imprescriptibles de la
défense accordés à tous, même aux scélérats.

M. Changarnier et quelques membres de la commission ont probablement oublié qu'ils se sont en-
gagés vis-à-vis de plusieurs de leurs collègues à ne
faire rétrograder aucun officier, sans l'avoir entendu.

Je tiens ce fait d'honorables députés de la droite.

†

Comment M. le ministre a-t-il établi ses propositions? La logique lui commandait, il me semble, de les baser sur les notes données aux officiers par leurs chefs, eux seuls étant compétents pour apprécier le mérite relatif de leurs subordonnés et les ayant vus à l'œuvre. La lettre suivante que j'ai reçue le 5 décembre prouve que M. le ministre a fait ses propositions à notre égard, sans s'être éclairé sur les événements auxquels nous avons pris part.

MINISTÈRE DE LA GUERRE   Paris, le 5 décembre 1871.

État-Major général.

2ᵉ BUREAU.

1619

Capitaine, j'ai l'honneur de vous informer que les pièces et les titres à vous appartenant, dont vous faites mention dans votre lettre du 25 novembre dernier, ne sont pas parvenus au ministère de la guerre. *J'ajouterai que les archives de la division dont vous étiez chef d'état-major à titre auxiliaire, me font presqu'entièrement défaut.* Je vous prie, en conséquence, de m'adresser le plus tôt possible les documents de cette nature qui pourraient se trouver encore entre vos mains.

Recevez, capitaine, l'assurance de ma considération.

Le ministre de la guerre,
Par ordre :
Le colonel chef de service,
Nugues.

M. Poullet, capitaine au 71ᵉ de ligne, chez M. Carbonnier juge d'instruction, château du Rû, près Coulommiers (Seine-et-Marne).

A quelle considération pouvons-nous prétendre quand il suffit du caprice d'un ministre pour nous enlever ce que la loi nous assure? « *Capitaine...* » M. de Cissey était si sûr de son fait qu'il préjugeait déjà la décision de la Commission et avant que celle-ci eût notifiée son arrêt, il ne me reconnaissait ni le grade de colonel à titre auxiliaire, ni celui de lieutenant-colonel à titre régulier qui m'a été donné par le général Bourbaki, après trois citations à l'ordre de l'armée.

Voilà donc comment M. de Cissey a rempli ses engagements, comment la commission s'est montrée impartiale !

Tous deux violent l'article 19 de la loi de 1832 qui dit formellement *qu'en guerre les conditions de temps imposées pour passer d'un grade à un autre n'existeront pas quand il y aura eu action d'éclat ou lorsqu'on manquera d'officiers.*

J'ai été mis trois fois à l'ordre de l'armée, mon grade m'a été donné par le général commandant en chef en vertu des pouvoirs à lui transmis par le ministre de la guerre, et vous me l'enlevez.

+

J'ai cherché à connaître les motifs de l'arrêt qui me frappait.

Un des députés de l'extrême droite qui a servi sous nos ordres, après avoir consulté une partie des membres de la Commission, m'écrivait le 12 décembre :

« Je n'ai pas pu découvrir une cause de blâme ou » de reproche sur votre compte ; vous subissez le sort, » me dit-on, de presque tous les officiers nommés » dans l'armée auxiliaire. »

J'ai ouvert le *Moniteur de l'Armée*, il donne un

démenti formel à ces Messieurs de la Commission, en enregistrant les noms de beaucoup d'officiers auxquels deux et trois grades ont été accordés.

Non, nous ne sommes pas compris dans une mesure générale, et puisqu'on ne formule aucune accusation qui motive ce rigoureux jugement, puisque la Commission n'a pas cru bon de faire une déclaration de principe qui, nous classant par catégorie, enlevait tout prétexte à nos réclamations, force m'est de prendre, dans la lettre de M. Changarnier au ministre de la guerre, ce qui peut ressembler à une ligne de conduite.

M. le président de la Commission signale à la sévérité de M. de Cissey, trois classes d'officiers :

1° Ceux qui ont violé leurs engagements ;

2° Ceux qui ont quitté le champ de bataille sans ordre ;

3° Ceux qui ont pactisé avec l'émeute.

+

Ai-je manqué à ma parole ?

Je me suis évadé de Metz le 4 novembre à mes risques et périls, avec d'autres officiers, *sans avoir pris d'engagements ni verbaux ni écrits* vis-à-vis de l'armée allemande.

Vêtu en bourgeois, *sans aucune croix d'ambulance, quoiqu'en ait dit l'Univers*, j'ai gagné le Luxembourg, puis la Belgique ; de là, je suis allé embrasser ma femme en Normandie, puis je me suis rendu à Tours où j'ai demandé du service.

Tous ces Messieurs de la Commission connaissent ces détails ou doivent les connaître, puisque chaque officier évadé a eu à remplir un état indiquant les circonstances de son évasion.

M'accuse-t-on d'avoir gagné mon avancement dans

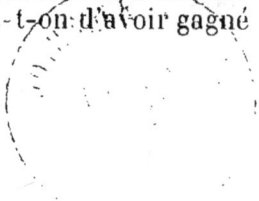

les bureaux, d'avoir fui le champ de bataille, d'avoir capitulé en rase campagne ?

Je me suis battu onze fois, j'ai eu deux chevaux tués sous moi.

Ne m'a-t-on pas vu dans les combats marcher un des premiers, dans les retraites, à l'extrême arrière-garde ?

Ignorez-vous ma réponse au parlementaire prussien, qui à Frasnes me sommait de me rendre?

Ce mot si naturel dans la bouche d'un soldat est sans doute une condamnation auprès du Ministre qui, le premier, a traité de la capitulation de Metz et de l'homme qui, à la Chambre, s'est fait l'apologiste de Bazaine.

Ne savez-vous pas que si une partie de la division est entrée en Suisse, c'est malgré mes ordres, et que je n'ai pas quitté le sol français ?

Ignorez-le, niez-le !

Mais c'est pour moi une douce consolation que de recevoir les lettres de mes compagnons d'armes qui protestent contre l'injustice qui m'est faite et disent qu'elle est imméritée.

+

Ai-je pactisé avec l'émeute ?

Rappelez-vous qu'à Beaune, nous avons fait exécuter la loi qui condamnait un soldat pour avoir, à plusieurs reprises, insulté et frappé ses chefs.

Nous l'avons fait malgré une sédition provoquée par des agents de l'étranger, malgré les menaces de mort proférées contre nous.

+

Il est une accusation infâme à l'aide de laquelle on prétend justifier l'*injustifiable* mesure qui me frappe.

On répète dans l'armée que « *c'est uniquement parce*
« *que je n'ai pas offert mes services au gouvernement*
« *de Versailles, que mon grade de lieutenant-colonel,*
« *légitimement acquis, m'a été enlevé.* »

J'ai demandé du service contre l'insurrection de
Paris, je l'affirme sur l'honneur : *j'en ai sollicité trois
fois.*

Le 18 mars 1871, j'étais, à Chambéry, chef d'état-
major du général de Polhès ; après le licenciement de
la division, le 26 mars, M. le baron de Polhès écrivit
au général Le Flô, dont il est l'ami, lui demandant du
service pour moi dans l'armée de Versailles. Je vis
moi-même M. le ministre, mais il répondit : « *que je
m'étais assez battu pendant la guerre et que j'avais
bien le droit de me reposer.* »

Je fis une nouvelle tentative en écrivant au ministre et en priant M. de Carayon-Latour d'appuyer mes
offres de service. Voici la réponse de ce député datée
du 28 mars.

« *Vous avez bien fait, mon cher colonel, d'offrir vos*
» *services au ministère de la guerre ; on vous tiendra*
» *compte de cette démarche ; mais je crains que vous*
» *ne trouviez pas un emploi dans ce moment-ci.* Tous
» les officiers de la vieille armée arrivent de Prusse.
» Versailles en est rempli ; tous se mettent à la dis-
» position du ministre. »

Ainsi retiré chez mon beau-père, M. Carbonnier,
juge d'instruction à Coulommiers, j'ai attendu qu'on
acceptât mes services, mais je le répète encore *ils ont
été refusés.*

✠

Tous les moyens ont semblé bons pour nous perdre.
Nous n'avons pas été appelés à nous défendre ; mais

les *lettres anonymes* ont été reçues et ont servi de pièces accusatrices.

Des gens ont eu le cœur de nous calomnier, tandis que tous les jours, nous exposions notre vie pour la patrie, que nous couchions dans la neige, manquant de vivres.

J'aurais pu rester en Belgique; marié depuis quelques mois, j'y aurais vécu heureux près de ma femme.

J'ai pensé qu'il était de mon devoir de prendre part à la lutte qui se continuait; j'ai exposé de nouveau mes jours et je suis resté sept semaines, sans nouvelles de ma famille, ignorant la naissance de mon fils.

Dira-t-on qu'en nous évadant, nous cherchions l'avancement?

M. de Cissey sait trop bien que le maréchal Bazaine faisait croire à son armée que le pays était en feu, qu'il n'y avait plus de gouvernement..

Notre seule ambition dans de telles circonstances ne pouvait être qu'une guerre de guérillas et nous étions loin de prétendre aux honneurs.

Nous ne réclamions que celui de servir la France.

✝

Les *témoins oculaires* se sont trouvés en grand nombre pour parler de nous.

L'un a dit que Cremer était dans un café à Beaune, tandis que sa division se battait à Nuits; cette histoire démentie, on ne se tient pas pour battu. Cremer était ivre le 18 décembre, il le fut toute la journée.

J'adore les témoins oculaires (dire que je les honore, c'est autre chose!) : je serais donc charmé de faire la connaissance de ce spirituel conteur.

Cremer parti en reconnaissance le matin n'a bu et mangé que le soir; le comte de Chabans, son aide-decamp, qui ne l'a pas quitté durant la bataille, n'hésite pas à l'affirmer.

Ces Messieurs qui voient tant de choses n'ont guère l'esprit inventif; ils ne font que répéter ce qu'on disait au président Lincoln du général Grant : « *Eh bien, reprit Lincoln, demandez à Grant le nom de son vin, afin que j'en envoie à tous mes généraux.* »

Un député avait plaisamment raconté que l'état-major de Cremer couchant dans son château, s'était affublé des vêtements de femme qu'on y avait laissés.

Je lui fis dire qu'il en avait menti, car nous n'avions jamais passé à proximité de sa propriété.

« *Si ce n'est lui, alors c'est Billot,* » répliqua l'honorable représentant.

+

Puisque M. le Ministre aime tant les témoins oculaires et les lettres anonymes, je puis lui citer cette histoire.

J'étais chez un libraire que je connais depuis longtemps : entre un monsieur se disant le maire de Mouth qui, à la vue de mon ouvrage, Le *général Cremer*, se met à déblatérer sur Cremer, Clinchant, etc., etc... c'étaient des ignorants, des ivrognes ; ils les avait tous vus chez lui, etc.

Désireux de m'instruire, je ne soufflais mot.

— Et le colonel Poullet, le connaissez-vous? lui demanda le libraire.

— Je ne connais que lui, répliqua sans hésiter le témoin oculaire, c'est encore un fameux ivrogne, celui-là! Imaginez-vous que quand il est arrivé de Frasnes à Mouth, il est descendu chez moi, mourant de soif et de faim. Je n'avais à lui offrir qu'un de ces gros fromages du Jura (50 centimètres de diamètre

sur 15 centimètres de haut) et une bouteille d'eau-
de-vie. Il a bu d'un trait la bouteille d'eau-de-vie et
avalé le fromage, sans pain.

— Vous êtes bien sûr? vous le connaissez bien?

— Parbleu, il est resté quarante-huit heures chez
moi, je le reconnaîtrais entre mille.

— Eh bien, je vous présente M. Poullet, dit le libraire en me montrant.

Stupéfaction du témoin oculaire qui se trouble,
rougit et balbutie.

— Je me trompe sans doute.

— Monsieur, lui dis-je, vous êtes bien malheureux
dans vos inventions. C'est la première fois que j'ai
l'honneur de vous voir. A peine arrivé à Mouth, j'ai
été prendre les ordres du général Thibaudin de Co-
magny, puis je me suis jeté sur une botte de paille où
j'ai dormi pendant deux heures, après quoi, nous
sommes repartis.

Quant au fromage, vous tombez mal, je l'ai en hor-
reur, je ne bois pas d'eau-de-vie.

Cette anecdote prouve la confiance qu'il faut avoir
dans les témoins se disant oculaires; elle est le com-
plément de celle qui a fait boire au général Cremer
et à moi *tout un tonneau de vin.*

-+-

Le général Trochu nommé rapporteur de la Commission chargée de l'étude du projet du ministre relatif à la révision des grades, prononce à la tribune, le
9 août, les paroles suivantes :

« Beaucoup d'officiers improvisés, beaucoup d'of-
» ficiers soudainement élevés à des grades supé-
» rieurs, ont soutenu, avec des moyens très insuffi-

» sants, une lutte inégale, l'ont scellée de leur sang
» et ont bien mérité de la patrie. »

Un homme qui unissait une haute intelligence à une profonde expérience de la guerre, le maréchal Marmont, a écrit :

« Un commandement, si étendu qu'il soit, ne peut,
» du moment où il est subordonné, se comparer en
» rien au commandement en chef, quelque restreint
» que soit ce dernier par le nombre des troupes ; car
» il n'y a plus à surmonter cette grande difficulté qui
» consiste dans la résolution.

» J'ai commandé sous Napoléon des armées de di-
» verses forces et des corps d'armée. 10,000 *hommes*
» *seulement, abandonnés aux combinaisons de leur*
» *chef présentent incomparablement plus d'embarras,*
» *font naître bien plus de sollicitude que le comman-*
« *dement de* 50,000 *hommes encadrés dans une armée*
» *de* 200,000.

» Dans ce dernier cas, se mouvoir, marcher et
» combattre d'après les ordres donnés et dans le but
» indiqué sont choses faciles ; et quand le combat ou
» les marches sont terminées, quand le camp est
» établi, le général se repose comme le dernier sol-
» dat, en attendant des ordres. C'est à ce moment-là,
» au contraire, que le chef suprême est le plus livré
» aux inquiétudes et aux prévisions de toute sorte. »

La division Cremer ne fut-elle pas indépendante jusqu'au 15 janvier? A dater de ce jour, elle fait partie de la 1re armée.

MM. Changarnier et de Cissey qui n'ont jamais commandé en chef devant l'ennemi, qui n'ont pas eu sous leurs ordres de troupes improvisées, ignorent les difficultés de tous genres que nous avons dû surmonter.

Ils ignorent les soucis, la responsabilité du commandement, quand les corps sont à peine formés.

On ne veut voir le général que sur le champ de bataille; on ne sait pas que, chaque nuit, nous étions douze ou quinze fois réveillés. Il en est même où nous reçûmes quarante-six émissaires.

C'est à cette vigilance que nous avons dû de ne jamais être surpris, malgré le manque de cavalerie.

On ignore que nous avions sous nos ordres certains officiers qui, parjures à la parole donnée à l'ennemi, nous pressaient constamment de battre en retraite.

Tous ceux qui critiquent nos dispositions oublient que leur *seul plan* était de *prendre position en arrière* et d'abandonner la Bourgogne aux Allemands.

Que de sottises n'ont pas été écrites sur la bataille de Nuits! Les Allemands nous rendent mieux justice. Voici ce que dit Rustow :

« La colonne de l'extrême droite de Degenfeld » était arrivée à Villars-Fontaine à onze heures du » matin, et elle y rencontra un détachement de » Cremer. Elle lui livra combat, ainsi qu'à l'artillerie » française établie sur les hauteurs de Chaux. Ce » n'est qu'à trois heures que Degenfeld sut qu'il se » livrait en même temps un combat à Nuits; *mais il* » *fut à ce moment vigoureusement attaqué par l'aile* » *gauche de Cremer*, que ce dernier avait renforcé » dans son mouvement de concentration sur Nuits.

» *Degenfeld fut forcé de se mettre en retraite à* » *quatre heures*, sur Marsannay et Périgny, où il » arriva vers minuit. On comprend facilement qu'il » ne fut pas poursuivi par les Français. »

L'officier qui commandait l'aile gauche, n'était-ce pas le colonel Poullet?

Quels reproches pouvez-vous adresser à nos combinaisons?

N'avions-nous pas raison de vouloir rester sur la rive droite de la Saône, pour couvrir le général Bourbaki contre une inévitable armée de secours?

N'avions-nous pas raison de vouloir attaquer Werder dans Dijon, pour lui couper la route de Belfort?

N'avions-nous pas raison de vouloir attaquer Belfort par la grande route de Lure?

N'est-ce pas aussi l'opinion de l'héroïque colonel Denfert?

« Si les lignes allemandes, écrit-il, eussent été
» attaquées par le gros des masses françaises sur la
» route de Lure, c'est-à-dire à Frahier et Chénebier,
» puis ensuite à Châlonvillars, il est plus que pro-
» bable que l'armée de l'Est eût été facilement vic-
» torieuse. »

M. Changarnier, dont le plus glorieux fait d'armes est la retraite de Constantine, doit connaître les difficultés de ces sortes d'opérations.

Avons-nous failli à notre tâche, quand, après les fatigues de cinq combats consécutifs, nous fûmes chargés de protéger les convois et la réserve d'artillerie du 18e corps.

Les Prussiens valent bien les Arabes, sans doute!

Que M. le ministre nous fasse connaître nos fautes!

Qu'il dise si nous ne sommes pas de « ces officiers
» qui, soudainement élevés à des grades supérieurs,
» ont soutenu, avec des moyens très-insuffisants et
» très-incomplets, une lutte inégale, l'ont scellée de
» leur sang, et ont bien mérité de la patrie. » (Rapport du général Trochu à l'Assemblée, le 9 août 1871.)

+

« Je suis bien assuré, dit encore le général Trochu
» à la tribune, que personne dans cette Assemblée
» ne voudra, dans une circonstance aussi grave, en
» présence d'une loi d'une nature si difficile et si dé -
» licate, *que la passion politique pénètre par quelque*
» *fissure imprévue dans une œuvre qui est toute de*
» *prudence et de justice.* (Très-bien ! très-bien !)

« Ce serait un GRAND MALHEUR dont nous sommes
» convaincus que l'Assemblée ne voudra, à aucun
» prix, ASSUMER LES RESPONSABILITÉS. »

M. le Ministre et MM. les membres de la Commission ont-ils tenu compte de ces paroles ?

Un des honorables membres de la Commission, en
m'apprenant le sort qui m'était fait, m'*engagea à*
protester.

« Lorsque j'ai annoncé cette nouvelle à X. (général
» député qui m'a vu à l'œuvre), il s'est écrié : « *c'est*
» *une infamie !* »

« Il faut que vous protestiez. »

« Merci de votre bon conseil, lui répondis-je. Je le
» suivrai quand ma démission sera acceptée : autre-
» ment, la seule réponse que j'obtiendrais serait deux
» mois de forteresse. J'ai été condamné *politique-*
» *ment ;* on m'a soupçonné d'être républicain, et vous
» m'avez exécuté sommairement sans m'entendre. »

-- Vous vous trompez, s'écria le député orléaniste,
« *c'est Cremer qu'on a voulu frapper en vous.* »

Voici donc le motif de la disgrâce de tous les officiers de notre division. Le général a écrit des choses
désagréables pour M. le Ministre et les membres de
la Commission, on se venge du chef en le punissant
dans la personne de ses officiers.

On fait de nous, bon gré mal gré, des hommes politiques.

+

J'ai donc été remis *capitaine*, parce que j'étais chef d'état-major de Cremer.

Ce député, membre de la Commission, a bien fait de me l'assurer, car le public, qui l'ignorait, devait conclure de notre condamnation que nous nous étions rendus coupables d'actions honteuses, de lâchetés, ou que nous avions mal dirigé nos opérations militaires.

On sait maintenant que mon crime est d'avoir fait partie de la division Cremer. Je ne rappellerai pas que le soldat va où le Ministre l'envoie, mais je dirai : « *Jamais je n'ai aimé l'empire, mais je déclare qu'il* » *y avait, sous ce régime, plus de justice qu'aujour-* » *d'hui. Lorsque les braves généraux Cavaignac, La-* » *moricière, Bedeau furent exilés, leurs chefs d'état-* » *major le furent-ils aussi? leur avancement fut-il* » *brisé?* »

Napoléon III s'est donc montré plus juste et plus généreux que MM. de Cissey et Changarnier, en ne faisant pas porter à ces officiers les fautes qu'il imputait à leurs chefs.

On ne nous a pas jugés au point de vue militaire, l'unique auquel on devait se placer, mais les partis et les opinions ont été seuls mis en cause. A ceux qui n'en ont pas, on en a prêté, et pour moi, j'ai été *exécuté* sur la simple supposition que je n'étais pas *orléaniste*.

Les successeurs d'Auguste n'agissaient pas autrement.

J'avais toujours cru qu'un soldat devait défen- dre son pays, qu'il fût monarchie ou république.

Jamais, pendant la campagne, on ne s'est occupé de politique à l'état-major du général Cremer, presque entièrement composé de légitimistes.

Je n'entends pas parler ici de ce qu'a pu faire, dire et écrire depuis la guerre, le général Cremer. Il n'était plus mon chef et je n'ai à me faire ni son juge, ni son défenseur. C'est à chacun de prendre le responsabilité de ses propres actes.

Mais il est nécessaire que l'on connaisse que nous sommes punis parce que nous nous sommes dévoués à nos devoirs, à notre pays, parce que jamais nous n'avons failli à notre lourde tâche.

L'Assemblée, qui a applaudi les nobles pensées du général Trochu, laissera-t-elle subsister l'injustice dont nous sommes victimes?

C'est à sa loyauté que nous en appelons.

☩

On lit dans l'*Union* du 20 décembre 1871 :

« Hier, la Commission des grades a, nous le disons
» à regret, sanctionné une *illégalité* en maintenant
» M. le duc de Chartres dans le grade qui lui avait
» été conféré à titre provisoire par le gouvernement. »

☩

Père de famille, je n'ai pas hésité à sacrifier dix-sept années et demie de loyaux services et neuf campagnes. J'ai donné ma démission de colonel à titre auxiliaire, car, légalement lieutenant-colonel de l'armée régulière, mon honneur me prescrivait de ne pas accepter une sentence aussi illégale qu'arbitraire.

Le général du Temple n'a-t-il pas dit aux applaudissements de l'Assemblée :

« *Il n'y a qu'une chose que l'Etat n'ait pas le droit*
» *de demander à un officier, c'est son honneur.* »

J'en appelle à tous les honnêtes gens, quelles que soient leurs opinions politiques et je proteste contre la décision qui me réintègre dans le grade de capitaine que j'avais avant la guerre.

Il m'en a coûté de me séparer de camarades dont j'ai l'estime, d'abandonner une carrière aimée et choisie; mais l'honneur d'un officier ne doit pas être suspecté; aussi *je viens réclamer une enquête sérieuse sur notre conduite.*

Je demande qu'on juge nos opérations militaires et qu'il soit constaté que nous n'avons pas fait de politique pendant la campagne.

Je demande comme juges, les gens qui nous sont le plus systématiquement hostiles.

Je demande que l'enquête soit publique et afin que tous ceux qui ont des reproches à nous adresser soient entendus, qu'elle ait lieu dans le pays où nous avons combattu.

Si donc, MM. les députés, vous voulez que la loi reprenne son cours, vous devez me rendre le grade de lieutenant-colonel que la fortune des armes m'a donné et qui m'a été légalement conféré en vertu de l'art. 19 de la loi de 1832, mais qui sur la proposition de M. le ministre m'a été enlevé sans motif et vous rendrez la même justice aux officiers de la division dépouillés illégalement.

Château du Rû, ce 22 février 1872.

P. POULLET.

Nota. — La publication de cette protestation a été retardée par suite de l'intervention d'un honorable député qui avait cherché à me faire rendre justice par le Ministre et la Commission.

Au dernier moment, j'espérais encore être entendu par la Commission. Cette satisfaction ne m'a même pas été accordée. Me sera-t-il permis de rappeler à ce tribunal les paroles de M. l'abbé Graulle, que je lis dans *l'Union* du 4 avril :

« *Nul surtout ne peut porter atteinte au bien d'autrui, et* « *de tous les biens d'ici-bas, la réputation est le plus précieux* « *assurément. C'est donc une obligation stricte de restituer ce* « *bien, alors même qu'on ne l'aurait fait perdre que par une* « *involontaire erreur ; et* C'EST S'HONORER QUE DE RECON- « NAITRE PAR UNE DÉCLARATION SOLENNELLE QU'ON A « EU LE MALHEUR DE SE TROMPER »

Meaux. — Imprimerie A. Cochet.